우리들의 마지막 얼굴

우리들의 마지막 얼굴

■

문 태 준 시 집

창비

차 례

제1부

제2부

제3부

제4부

제1부

몸을 굽히지 않는다면

노랗게 잘 익은 오렌지가 떨어져 있네
붉고 새콤한 자두가 떨어져 있네
자줏빛 아이리스 꽃이 활짝 피어 있네
나는 곤충으로 변해 설탕을 탐하고 싶네
누가 이걸 발견하랴,
몸을 굽히지 않는다면
태양이 몸을 굽힌, 미지근한 어스름도 때마침 좋네
누가 이걸, 또 자신을 주우랴,
몸을 굽혀 균형을 맞추지 않는다면

유자

노오란 유자가 달려 있네
내일의 예고가 이러했으면

낮 열두시의 혈색
낮 열두시의 과육
이상한 달콤함
낮 열두시의 잠

이 한알의
영혼,
영혼의
캐스터네츠

나가서 만져보리라
스스로 기뻐하는 높이에 달린
노오란 유자를

아침을 기리는 노래

시간은 꼭 같은 개수의 과일을 나누어주시네
햇볕, 입술 같은 꽃, 바람 같은 새, 밥, 풀잎 같은 잠을

나는 매일 아침 샘에 가 한통의 물을 길어오네
물의 평화와 물의 음악과 물의 미소와 물의 맑음을

내 앞에는 오늘 내가 고를 수 있는 물건들이 있네
갈림길과 건널목, 1월 혹은 3월 혹은 9월 혹은 눈송이, 첫번째, 분수와 광장, 거울
그리고 당신

당신이라는 만남
당신이라는 귀
당신이라는 열쇠

묶음

꽃잎이 지는 열흘 동안을 묶었다

꼭대기에 앉았다 가는 새의 우는 시간을 묶었다

쪽창으로 들어와 따사로운 빛의 남쪽을 묶었다

골짜기의 귀에 두어마디 소곤거리는 봄비를 묶었다

난과 그 옆에 난 새 촉의 시간을 함께 묶었다

나의 어지러운 꿈결은 누가 묶나

미나리처럼 흐르는 물에 흔들어 씻어 묶을 한단

봄바람이 불어서

봄바람이 불어서
잔물결이 웃고

봄바람이 불어서
굴에서 뱀 나오고

봄바람이 불어서
밑돌이 헐겁고

봄바람이 불어서
진 빚을 갚고
새 빚을 내고

봄바람이 불어서
귀신이 흐늘거리고

봄바람이 불어서
저쪽으로 가는 물빛

세계의 푸른 두 눈

귀휴(歸休)

돌아와 나흘을 매어놓고 살다

구불구불한 산길에게 자꾸 빠져들다

초승달과 새와 높게 어울리다

소와 하루 밤새 게으르게 눕다

닭들에게 마당을 꾸어 쓰다

해 질 무렵까지 말뚝에 묶어놓고 나를 풀밭을 염소에게 맡기다

울 아래 분꽃 곁에 벌을 데려오다

엉클어진 수풀에서 나온 뱀을 따르며 길게 슬퍼하다

조용한 때에 샘이 솟는 곳에 앉아 웃다

이들과 주민(住民)이 되어 살다

어느 겨울 오전에

나목이 한그루 이따금씩 나와 마주하고 있다
그이는 잘 생략된 문장처럼 있다
그이의 둘레에는 겨울이 차갑게 있고
그이의 저 뒤쪽으로는 밋밋한 능선이 있다
나는 온갖 일을 하느라 이리저리 왔다 갔다 하며
한번은 나목을 본다
또 한번은 먼 능선까지를 본다
그나마 이때가 내겐 조용한 때이다
나는 이 조용한 칸에 시를 쓰고 싶다
그러나 오전의 시간은
언덕을 넘어 평지 쪽으로 퍼져 금세 사라진다

누구에게라도 미리 묻지 않는다면

나는 스케치북에 새를 그리고 있네
나는 긴 나뭇가지를 그려넣어 새를 앉히고 싶네
수다스런 덤불을 스케치북 속으로 옮겨 심고 싶네
그러나 새는 훨씬 활동적이어서 높은 하늘을 더 사랑할
지 모르지
새의 의중을 물어보기로 했네
새의 답변을 기다려보기로 했네
나는 새의 언어로 새에게 자세히 물어
새의 뜻대로 배경을 만들어가기로 했네
새에게 미리 묻지 않는다면
새는 완성된 그림을 바꿔달라고
스케치북 속에서 첫울음을 울기 시작하겠지

정류장에서

언젠가 내가 이 자리에 두고 간 정류장

둥근 빗방울 속에 그득 괴어 있던 정류장

꽃 피고 잎 지고 이틀 사흘 여름 겨울 내려서던 정류장

먼 데 가는 구름더미와 눈보라와 안개의 정류장

홀어머니 머리에 이고 있던 정류장

막버스가 통째로 싣고 간 정류장

두 소년

굵은 눈이 막 올 때는
두 소년이 생각난다

어느 해 어느 날인지는 가마득해 잊었지만
땔감을 사러 보육원에서 트럭이 온 날이었다

산 밑 우리 집에 따라와
땔나무를 싣던 두 소년

트럭 짐칸에 타고
굵은 눈 속으로 멀어져간

두 소년은 나와 또래라 했다

12월의 일

무엇을 할까
북쪽에
끝에 섰으니

12월에 무엇을 할까
긴 투병기 같은
마른 덩굴을 거두어들이는 일 외에

꺾인 풀
왜소한 그늘
흩어진 빛
가는 유랑민

그러나
새로이 받아든 동그란 씨앗
대지의 자서전

우리들의 마지막 얼굴

당신은 나조차 알아보지 못하네
요를 깔고 아주 가벼운 이불을 덮고 있네
한층의 재가 당신의 몸을 덮은 듯하네
눈도 입도 코도 가늘어지고 작아지고 낮아졌네
당신은 아무런 표정도 겉으로 드러내지 않네
서리가 빛에 차차 마르듯이 숨결이 마르고 있네
당신은 평범해지고 희미해지네
나는 이 세상에서 혼자의 몸이 된 당신을 보네
오래 잊지 말자는 말은 못하겠네
당신의 얼굴을 마지막으로 보네
우리들의 마지막 얼굴을 보네

두터운 스웨터

엄마는 엄마가 입던 스웨터를 풀어 누나와 내가 입을 옷을 짜네 나는 실패에 실을 감는 것을 보았네 나는 실패에서 실을 풀어내는 것을 보았네 엄마의 스웨터는 얼마나 크고 두터운지 풀어도 풀어도 그 끝이 없네 엄마는 엄마가 입던 스웨터를 풀어 누나와 나의 옷을 여러날에 걸쳐 짜네 봄까지 엄마는 엄마의 가슴을 헐어 누나와 나의 따뜻한 가슴을 짜네

조춘(早春)

그대여, 하얀 눈뭉치를 창가 접시 위에 올려놓고 눈뭉치가 물이 되어 드러눕는 것을 보았습니다

눈뭉치는 하얗게 몸을 부수었습니다 스스로 부수면서 반쯤 허물어진 얼굴을 들어 마지막으로 나를 쳐다보았습니다 내게 웅얼웅얼 무어라 말을 했으나 풀어져버렸습니다 나를 가엾게 바라보던 눈초리도 이내 사라지고 말았습니다 나는 한접시 물로 돌아간 그대를 껴안고 울었습니다 이제 내겐 의지할 곳이 아무 데도 없습니다 눈뭉치이며 물의 유골인 나와도 이제 헤어지려 합니다

망실(亡失)

무덤 위에 풀이 돋으니 죽은 사람이 살아 돌아온 것 같아요 오늘은 무덤가에 제비꽃이 피었어요 나뭇가지에서는 산새 소리가 서쪽 하늘로 휘우듬하게 휘어져나가요 양지의 이마가 더욱 빛나요 내게 당신은 점점 건조해져요 무덤 위에 풀이 해마다 새로이 돋고 나는 무덤 위에 돋은 당신의 구체적인 몸을 한바구니 담아가니 이제 이 무덤에는 아마도 당신이 없을 거예요

시월

수풀은 매일매일 말라가요 풀벌레 소리도 야위어가요 나뭇잎은 물들어요 마지막 매미는 나무 아래에 떨어져요 나는 그것을 주워들어요 이별은 부서져요 속울음을 울어요 빛의 반지를 벗어놓고서 내가 잡고 있었던 그러나 가늘고 차가워진 당신의 손가락과 비켜간 어제

외길

빛살은 잦바듬하게 기울어요 풀벌레 소리는 낙엽에 덮여요 해는 땅에 떨어져 옷고름을 풀어요 마지막 남은 열매인 고독은 가지 끝에 매달려 있어요 창백한 내 볼에선 당신 냄새가 나요 나는 오늘도 당신을 넘어가요 외길에는 가젤 같은 코스모스 앓는 갈가마귀 당신은 나를 단호하고 냉담한 액자 속에 넣지만 내 생각은 달라요 당신은 아직도 내게 흘러넘쳐요 달빛은 푸른 숄을 외길의 어깨에 둘러줘요 이 외길 아니었다면 밤이 이처럼 거대하다는 걸 알지 못했을 거예요

제2부

나는 내가 좋다

나의 안구에는 볍씨 자국이 여럿 있다
예닐곱살 때에 상처가 생겼다
어머니는 중년이 된 나를 아직도 딱하게 건너다보지만
나는 내가 좋다
볍씨 자국이 선명하게 나 있는 나의 눈이 좋다
물을 실어 만든 촉촉한 못자리처럼
눈물이 괼 줄을 아는 나의 눈이 좋다
슬픔을 싹 틔울 줄 아는 내가 좋다

장춘(長春)

참꽃을 얻어와 화병에 넣어두네

투명한 화병에 봄빛이 들뜨네

봄은 참꽃을 기르고 나는 봄을 늘리네

나는 나비를 따라 하네

다시 봄이 되니 다시 나비가 나네
나비는 봄을 두드러지게 하네
나비는 언덕을 울퉁불퉁 넘어가네
나비는 짓고 부수네
열(列)에서 벗어나
열에서 한참을 벗어나
종잡을 수 없게 나비는 나네
자연에 틈이 열리네
나비는 나의 새로운 형상
나는 종일 나비를 따라 하네
꽃은 나비를 따라다니네

화초들을 위탁함

아파트 주민들이 베란다에 있던 화초들을 들고 바깥으로 나오네
화초들의 양육을 별과 비와 바람에게 맡기네
화초들은 꽃도 없이 이미 잎마저 시들시들하네
벽과 지붕이 필요 없는 자연은 그녀의 탄력 있는 눈으로 처진 화초들을 바라보네
이제 화초들은 산꽃처럼 길러질 것이네
그녀는 의사처럼 화초들의 체온을 떨어뜨리고 박동을 고르게 하겠지
그녀는 바람의 심령술로 혼절한 영혼들을 흔들어 깨우겠지
딸의 곁에서 간호하는 어머니처럼 그녀는 아픈 자연들을 돌보겠지
오늘은 가랑비가 고루고루 내리네
내일은 별이 잔모래처럼 쌓이겠지

우리는 가볍게 웃었다

시골길을 가다 차를 멈추었다
백발의 노인이 길을 건너고 있었다
노인은 초조한 기색이 없었다
나무의 뿌리가 뻗어나가는 속도만큼
천천히 건너갈 뿐이었다
그러다 노인은 내 쪽을 한번 보더니
굴러가는 큰 바퀴의 움직임을 본떠
팔을 내두르는 시늉을 했다
노인의 걸음이 빨라지지는 않았다
눈이 다시 마주쳤을 때
우리는 가볍게 웃었다

먼바다를 바라면

애월(涯月)에서 1

먼바다를 바라며
바닷가 마을은 종일 미역을 너네

나도 먼바다를 바라면
가늠할 수 없는 네 가슴속 해저(海底)

망망대해

애월(涯月)에서 2

웅크리고 앉은 바다를 겨우 일으켜
뱃길을 빌리네 배는

먼바다로 배는 나아가네
배는 점점 감감하네

둘레는 있겠지?

배는 한참을 더 가네

원(圓) 너머

끝내 망망대해(茫茫大海)가 되려는 배는

풍향계

애월(涯月)에서 3

고내리 어촌계 공동어장에서 물질하는 해녀들이 모여 앉아 있었습니다

바다가 잠잠해지길 기다리고 있다고 했습니다

소라와 보말과 문어를 얻어온다고 했습니다

옆에 앉은 해녀는 열네살에 물질을 시작했다며

칠십년도 더 된 일이라며 앳된 얼굴로 웃었습니다

그녀는 거센 파도 너머에 펼쳐진 아득한 해역을 바라보고 있었습니다

이 시간에 이 햇살은

마른 산수국과 축축한 돌이끼에 햇살이 쏟아지네
뒷등과 무덤을 두른 산담에 햇살이 쏟아지네
끔적끔적 슬쩍 감았다 뜨는 눈 위에 햇살이 쏟아지네
나의 움직이는 그림자와 걸음 소리에 햇살은 쏟아지네
서럽고 섭섭하고 기다라니 훌쭉한 햇살은 쏟아지네
외할머니의 흰 머리칼에 꽂은 은비녀 같은 햇살은 쏟아지네
이 시간에 이 햇살은 쏟아지네
찬 마룻바닥에 덩그러니 앉으니 따라와 바깥에 서 있네

여시(如是)

백화(百花)가 지는 날 마애불을 보고 왔습니다 마애불은 밝은 곳과 어둔 곳의 경계가 사라졌습니다 눈두덩과 눈, 콧부리와 볼, 입술과 인중, 목과 턱선의 경계가 사라졌습니다 안면의 윤곽이 얇은 미소처럼 넓적하게 펴져 돌 위에 흐릿하게 남아 있을 뿐이었습니다 기도객들은 그 마애불에 곡식을 바치고 몇번이고 거듭 절을 올렸습니다 집에 돌아와 깊은 밤에 홀로 누워 있을 때 마애불이 떠올랐습니다 내 이마와 눈두덩과 양 볼과 입가에 떠올랐습니다 내 어느 반석에 마애불이 있는지 찾았으나 찾을 수 없었습니다 온데간데없이 다만 내 위로 무엇인가 희미하게 쓸려 흘러가는 것이었습니다

뻐꾸기 소리는 산신각처럼 앉아서

뻐꾸기의 발음대로 읽고 적는 초여름
이처럼 초여름 가까이에 뻐꾸기는 떠서
밭둑에도 풀이 계속 자라는 무덤길에도 깊은 계곡에도
뻐꾸기의 솥 같은 발음
뻐꾸기의 돌확 같은 발음
한낮의 소리 없는 눈웃음 위에도
오동나무 넓고 푸른 잎사귀에도 산동백에도
높은 산마루에도 바위에도
뻐꾸기 소리는 산신각처럼 앉아서

소낙비

나무그늘과 나무그늘
비탈과 비탈
옥수수밭과 옥수수밭
사이를
뛰는 비
너럭바위와 흐르는 시내
두 갈래의 갈림길
그 사이
하얀 얼굴 위에
뿌리는 비
열꽃처럼 돋아오는 비
이쪽
저편에
아픈 혼의 흙냄새
아픈 혼의 풀냄새

소낙비 젖어 후줄근한 고양이 어슬렁대며 산에 가네
이불 들고 다니는 행려처럼 여름낮은 가네

가을날

아침에 단풍을 마주 보고 저녁에 낙엽을 줍네
오늘은 백옥세탁소에 들러 맡겨둔 와이셔츠를 찾아온 일밖에 한 일이 없네
그러는 틈에 나무도 하늘도 바뀌었네

까마귀

해가 다 사그라져
온 산에
까마귀 한마리만 보이네
오직 이 한마리의 암흑(暗黑)
암흑의 해골
울음소리가
산을 한바퀴 도네
간 곳
소슬한 길
또
내 갈 곳에
까마귀야
축축하고 젖은
등골
너와 나는
유족이 없는 망자의 영정 같구나
까마귀야

외딴집

이 수풀은 새소리 하나 일지 않습니다 누군가 이 수풀에서 새의 둥지를 다 훔쳐가버렸습니다 빈 그릇으로 자루에서 쌀을 퍼 덜어냅니다 물을 떠 온 후 내에 가서 아직 눈이 소복이 덮인 흰 돌과 물의 흐르는 발목을 보고 돌아옵니다 나의 폐는 폐옥이지만 미미하게 새날의 냄새가 있습니다 제게 빛은 넘칩니다 넘치는 빛에 갓 생겨난 근심이 비치다 사라집니다

겨울달

꽝꽝 얼어붙은 세계가
하나의 돌멩이 속으로 들어가는 저녁

아버지가 무 구덩이에 팔뚝을 집어넣어
밑동이 둥글고 크고 흰
무 하나를 들고 나오시네

찬 하늘에는
한동이의 빛이 떠 있네

시래기 같은 어머니가 집에 이고 온
저 빛

제3부

나무와 새장

드로잉 1

내가 소상히 아는 한 나무는
터번을 머리에 둘러 감고 있네
날마다 성전을 펼쳐든다네
옮겨 심어졌다고 내게 고백한 적이 있었네
그도 나도 다시 태어나기 위해 기도문을 외고 왼다네
턱관절은 견고하나 육식을 않는 그
그에게는 새장이 하나 매달려 있네
내게도 하나 매달려 있네, 새장에는
차진 반죽의 아내, 피리 소리처럼 떨고 있는 딸
새장은 더 크고 둥그런 새장 속에 있네
그는 새장의 빗장을 풀고 청공으로 나아가네
한바퀴, 또 한바퀴, 연속해서 돌며
육체를 잠그지 않는 무용수처럼

마르고 있는 바지
드로잉 2

축축한 음지를 널어다오
너와 내가 바라보고 있는 이 눈의 높이에 맞춰
꽉 짜서 펼쳐다오, 하체를 감싸고 있던 닳은 밑단을
흘러 내뺀는 물처럼 걸어가며 우는 사람을 다오
그리고 광원(光源)을 다오
스스로 말라가는, 아물어가는 긴 환부를 보여다오

더미들
드로잉 3

한여름이 지나가는 휴일 오전이었다

딸이 거울과 책상과 옷장과 침대의 위치를 이리저리 바꾸고 있었다

엉킨 더미들은 정오에 자리를 잡았다 단련된 근육인 태양이 나의 딸의 정수리 위에 두건처럼 얹혔을 때에

나도 오후에 자갈더미 위에 앉아 있었다 건축하려는 인부가 되어

삼키지도 뱉지도 못하는 향기이며 악취인 시간을 건축하려고

느닷없는 소낙비의 곡조, 흐트러진 꽃밭더미, 옥수수의 어긋난 치열(齒列), 무너진 분수(噴水)더미, 비탄에 퍼질러 앉은 하오의 어머니들, 깨진 석양 항아리

이 시간의 더미들을 이고 지고 안고 밀고 끌어 옮기려고, 건축하려고

어부와 바다

드로잉 4

어부는 늘 먼먼 바다를 향해 섰다
어부는 그물을 끌어 바다를 어깨에 메고 끌며 오고 있다
모래톱에 펼쳐놓자
바다는 판판하게 퍼지르고 눕는다
바다를 놔두고 어부는 다시 익사한 바다를 건져내러 간다

모래톱

드로잉 5

흰 모래톱은 크고 넓다
한번 보아 다 볼 수 없다
하나의 넓적한 빨랫돌처럼 부시다
가난한 아낙이 번갈아 와서
바다를 올려놓고 문지르고 두드리다 돌아간다

가을비
드로잉 6

나를 떠나려네

야위어서
흰 뼈처럼
야위어서

이젠 됐어요
이젠 됐어요

보잘것없는
나
툭툭 내던지는
비

호면(湖面)

드로잉 7

옛 생각을 하게 하는군
나를 자꾸 들추는군

속울음을 울게 하는군

수몰된 골목과 동산과 별
우물과 돌선이네와 느티나무
그리고 훤한 마당과 담장
그 너머 죄(罪)

넘실넘실 넘쳐오는군

대치(對置)
드로잉 8

날고 있는 잠자리와 그 잠자리의 그림자 사이 대기가 움직인다 이리저리로 날고 있는 잠자리와 막 굴러온 돌을, 앉은 풀밭을, 갈림길을, 굼틀굼틀하는 벌레를 이리저리로 울퉁불퉁 넘어가고 있는 그 잠자리의 그림자 사이 대기가 따라 움직인다 대기는 둘 사이에 끼여 있지만 백중한 둘을 갈라놓지는 않는다

맹인
드로잉 9

한덩어리의 옹색한 세계여
오너라, 복면을 덮어쓴 세계여
벽, 돌풍, 얼음, 고집 센 계단, 경적, 거리의 모든 소등, 내가 걸어가며 만나는 냉담함
나의 안구가 상한 과육으로 매달려 있다 한들 어떠랴
오너라,
어둠을 돕는 세계여
행려를 돕는 세계여

유수(流水)

드로잉 10

그럴 리가 없어요 나는 당신의 부풀었다 꺼지는 배 속에 있었지요
그럴 리가 없어요 당신은 나를 자라처럼 수초처럼 이끌고 다녔지요
그럴 리가 없어요 당신은 푸른 포대기로 나를 둘러업고도 한참 남았지요
그럴 리가 없어요 당신은 나를 가득가득 채웠지요
그럴 리가 없어요 오, 멀리 가는 어머니 아주 가고 없는 어머니

한천(寒天)

드로잉 11

한천 한복판을 흰 소가 수레를 끌고 가고 있다 밤에도 계속되고 있다
힘겨운 기색이다 숨이 가쁘고 거칠고 간신히 서너걸음
흰 소 같은 허허벌판 흰 소 같은 산월(山月) 흰 소 같은 빙벽 흰 소 같은 한 사람의 여음(餘音) 흰 소 같은 열흘 예순
목덜미에 멍에를 얹어 흰 소가 한천을 통째로 묶어 끌고 가고 있다

도화동 거리의 입구

드로잉 12

아래로 축 처진 모자가 슬렁슬렁 거리로 들어가고 있다

모자는 눈두덩과 콧등과 턱선이 없으므로

거리는 모자가 누구인지 도통 알 수가 없다

모자도 오늘 이 거리에서 약속이 없다

발밑으로 축축하게 떨어지는 진눈깨비의 창백함

모자는 진눈깨비처럼 한닢 은화(銀貨)처럼 공중에서 잠깐 빛날 뿐이다

진료소 풍경

드로잉 13

움푹 꺼진 눈(眼) 길게 늘어서 있다 아랫도리는 목발 신세를 지고 있다 납작하게 누워도 있다 들것이 들어오고 있다

병이 몰아쳐 가쁘게 더욱 가쁘게 그대를 부를 때까지

앙상한 나목(裸木)이 될 때까지

맥이 다 빠져 청진할 수 없을 때까지

그대의 영혼이 움직이지 않을 때까지

수의(壽衣)가 얇디얇은 그대를 말없이 껴입을 때까지

춘곡(春谷)에서

드로잉 14

백화(百花) 가득하니 구리 언니가 보고 싶어

어두침침한 언니가 보고 싶어

막버스로 돌아간 언니가 보고 싶어

제4부

병원 흰 외벽 아래

병원 흰 외벽 아래 나무 의자가 몇개 앉아 있다
머리에 붕대를 감은 의자도 있고 목발을 짚은 의자도 있다
얼굴이 얼금얼금 얽은 의자는 늦게 와 앉아 있다
조용한 시간도 의자에 앉는다
물뿌리개에선 밝은 별이 쏟아진다
물뿌리개에선 밝은 별이 계속 쏟아진다
앉을 데가 마땅치 않아 한켠에 슬그머니 쪼그려앉아본다

동란 할머니

동란 할머니에게는 이불과 신발, 몇가지의 옷이 있고
동란 할머니의 생활을 한꺼번에 넣어 옮길 수 있는 큰 가방이 하나 있다
누구든 동란 할머니를 유심히 살필 수 있다 투명한 유리창 너머를 보듯이
절룩절룩하는 다리, 구시렁거림, 흐르는 미소, 불안, 동란 할머니의 주검까지도
가령 이 밤에 동란 할머니는 광화문역 지하도에서 젖은 양말을 널고 있다
그리고 천천히 몸을 눕히고 눈을 감고 동란 할머니를 조용히 끈다
동란 할머니는 꽃나무 곁에서 큰 다리 아래에서 소공원 벤치에서 오늘처럼 역(驛)에서
밥집 앞에서 나의 주위에서 나의 마음속을 돌아다닌다

종점

터미널 귀퉁이에
언 국밥집
꼬옥 짜 던져둔 행주처럼
언 국밥집
늙은 장사꾼이
털썩
들앉은 국밥집
눈보라는 빙빙
고드름을
둘러 감는
이경(二更)
객지
막버스에 쫓겨
국밥을 말려다
먹다 남은,
식은 밥 줘요,
촉박하게 외치는
식탁도 추운 국밥집

창유리 너머
만산(滿山)에
식은 밥덩이 같은
눈덩이
시퍼런
눈덩이

겨울숲

숲에 새집이 이처럼 많았다니
높은 고립이 이처럼 많았다니

동트는 숲 위로 날아오른
은사(隱士)들은
북쪽 하늘로 들어가네

풍막(風幕)을 이쪽 겨울에 걸어놓은 채

풍막은 홀로 하늘 일각(一角)을 흔드네

음지에는 잔설이 눈을 내리감네

내 귓가에

귓가에 조릿대 잎새 서걱대는 소리 들린다
이 소리를 언제 들었던가
찬 건넛방에서 이불을 뒤집어쓴 자매가 가끔 소곤대고 있다
부엌에는 한알 전구가 켜져 있다
머리에 수건을 두른 어머니는 조리로 아침쌀을 일고 있다
겨울바람은 가난한 가족을 맴돌며 핥고 있다

호수

수변시편 1

물이 물과 함께

가난한 자매처럼

시오리를 걸어서

섬돌 아래에 와

괸 저녁처럼

웅크려앉은 여기

소곳하게

고개를 숙인 여기

손이 트기 시작하는

늦가을

물결처럼

뒷등에

밤과 호수
수변시편 2

내 검은 동공에 퍼덕이는 새를 담아다오 나는 눈을 감을 수 없소 새의 북향 행렬과 찬 하늘을 담아다오 희푸릇한 별을 쏟아다오 물오리를 내려앉혀 수면을 쳐다오 산을 넣어다오 일하는 소 같은 목덜미 울퉁불퉁한 능선을 넣어다오 나를 열어젖혀다오 일으켜세워다오

마른 내
수변시편 3

마른 내에 눈보라 오네
눈보라는 와 퀭한 눈으로 보네

돌아누운 늙은 등과 어깨를

마른 내에 눈보라 오네
멀리서 눈보라는 와 수척한 얼굴을 묻네

깡마르고 겹겹 주름진 내 어머니의 가슴팍에

강심(江心)

수변시편 4

오늘은 겨울 물안개처럼 떠가네

오늘은 살얼음처럼 떠가네

물새는 가고 없네

이것이 멀리 가는 강의 의지라면

나는 한복판으로 한복판으로

밀려가려네

강을 풀어주면서 묶으면서

강촌에서

수변시편 5

말수가 아주 적은 그와 강을 따라 걸었다

가도 가도 넓어져만 가는 강이었다

그러나 그는 충분히 이해되었다

다시 강촌에서

수변시편 6

다시 그를 만나러 갔다

그동안 두 계절이 바뀌었다

가도 가도 넓어져만 가는 강에

더 크고 큰 산이 잠겨 있었다

그에게 물었으나 말이 없었다

그에겐 강폭만큼 여지가 남아 있었다

여행자의 노래

나에게는 많은 재산이 있다네
하루의 첫음절인 아침, 고갯마루인 정오, 저녁의 어둑어둑함, 외로운 조각달
이별한 두 형제, 과일처럼 매달린 절망, 그럼에도 내일이라는 신(神)과 기도
미열과 두통, 접착력이 좋은 생활, 그리고 여무는 해바라기
나는 이 모든 것을 여행가방에 넣네
나는 드리워진 커튼을 열어젖히고 반대편으로 가네
이 모든 것과의 새로운 대화를 위해 이국(異國)으로 가네
낯선 시간, 그 속의 갈림길
그리고 넓은 해풍(海風)이 서 있는 곳

옛집에서

누군가 나의 집을 허물려고 하네
우는 소, 짖는 개를 세워두어도 막지를 못하네
수시로, 혹은 얼마쯤 있다 가끔
북쪽에서 불어오는 매정한 찬 바람처럼 와서
옛집의 재산을 들고 가려 하네
옛집의 서까래, 창호, 구들과 벽, 장롱과 의복, 붉은 그림의 부적, 그릇, 동생, 그리고 쌓아둔 모든 것
기다란 나무를 베어들고 가듯 하려 하네
목이 긴 거위, 닭의 볏, 염소의 뿔을 세워두어도 막지를 못하네
들까마귀떼처럼 와서
들까마귀들이 와서
비척비척하는 나의 집을
먼 들녘 곡식 낟알만도 못한 나의 집을
내게는 두개골과도 같은 옛집을
흩어놓고 풀어놓고 무너뜨리려 하네
귀신들
귀신들이 말을 트네

등잔은 켜져 있고
섬돌에는 돌아오는 신발들이 있고

일원

바라나시에서

누운 소와 깡마른 개와 구걸하는 아이와 부서진 집과 쓰레기더미를 뒤지는 돼지와 낡은 헝겊 같은 그늘과 릭샤와 운구 행렬과 타는 장작불과 탁한 강물과 머리 감는 여인과 과일 노점상과 뱀과 오물과 신(神)과 더불어 나도 구름 많은 세계의 일원(一員)

'여시(如是)'라는 말

최현식

'여시(如是)', '이와 같이'라는 뜻이지요. 직유인 듯하지만 두 사물의 유사성을 찾는 어법은 아닙니다. 그보다는 '이유나 사정이 이와 같다'는 식의 용례를 지닙니다. 그러니 만약 이 말을 취한다면 거리를 지우는 '동화'보다 얼마간의 거리를 작정하는 '응시'의 문법이 보다 중요해집니다. 아, 그렇다고 거리의 유무에 따라 세계를 향한 대화의 열정과 에로스의 충동에 격차가 발생하는 것은 아닙니다. 오히려 거리의 방법을 달리함으로써, 다시 말해 '여시함'으로써 세계에 대한 새로운/다양한 말문을 열게 되는 것이지요. 문태준 시인은 이를 두고 새 시집 『우리들의 마지막 얼굴』에서 "누구에게라도 미리 묻지 않는다면"이라는 질문법으로 새겨두고 있군요.

여시와 응시에 충만한 타자성은 대상의 활동성과 에로스를 드높이는 생(生)을 향한 감각입니다. "그러나 새는 훨씬 활동적이어서 높은 하늘을 더 사랑할지 모르지"(「누구에게라도 미리 묻지 않는다면」)와 같은 구절이 그렇지요. 이처럼 여시와 응시를 대상을 앞에, 주체를 뒤에 세우는 일종의 사후(事後) 감각으로 이해한다면, 그것은 눈맞춤의 순간보다 그 오랜 여운에 몸을 가탁하는 마음의 움직임이지 싶습니다.

> 백화(百花)가 지는 날 마애불을 보고 왔습니다 마애불은 밝은 곳과 어둔 곳의 경계가 사라졌습니다 눈두덩과 눈, 콧부리와 볼, 입술과 인중, 목과 턱선의 경계가 사라졌습니다 안면의 윤곽이 얇은 미소처럼 넓적하게 펴져 돌 위에 흐릿하게 남아 있을 뿐이었습니다
>
> —「여시(如是)」 부분

'만화방창(萬化方暢)'이 여물 즈음 '마애불'을 뵈러 갔군요. 은은한 마애불의 미소와 표정과 윤곽이 흐릿해지는 까닭은, "지는 날"을 참조컨대 마애불이 조성된 날부터 끊임없이 반복·적층되어온 시간과 빛의 탓일지도 모릅니다. 시인은 꽃 지는 날의 마애불을 잠깐 본 듯하지만, 마애불은 우리가 헤아리기 어려울 만큼의 꽃 피고 지는 나날을 스스로에게 봉납(捧納)해왔으니 이를 어쩐답니까. 내 안에 또렷했던 마애불이 집으로 돌아온 뒤 "온데간데없이 다만 내 위로 무엇인가 희미하게 쓸려 흘러가는 것"(「여시(如是)」)으로

여울지는 까닭이 여기 있습니다. 주체의 감각은 오히려 마애불에게 수렴됨으로써 세계와 사물을 향해 유쾌하게 개방되는 것입니다.

이것은 여시와 응시의 주체가 '나'이기 전에 마애불일 수 있음을 뜻합니다. 아니나 다를까 "나의 움직이는 그림자와 걸음 소리에", 다시 말해 외면화될 수 없는 것들을 향해 햇살은 서슴없이 쏟아지는군요. 이 햇살은 뜨겁기보다 서늘하고 붉기보다 차라리 희끄무레할 겁니다. 그렇지 않고서는 "서럽고 섭섭하고 기다라니 홀쭉한 햇살"(「이 시간에 이 햇살은」)일 리 없습니다. 또 모든 경계가 사라지는 '마애불'일 리 없습니다. 그러니 이제 이렇게 말해볼까요? 『우리들의 마지막 얼굴』에서 발(發)하는 여시의 문법은 세계-자연-신에 대한 자아의 순간적 차연(差延)을 전제한 '서로 주체'와 '서로 타자'의 형식이라고 말입니다.

날고 있는 잠자리와 그 잠자리의 그림자 사이 대기가 움직인다 이리저리로 날고 있는 잠자리와 막 굴러온 돌을, 앉은 풀밭을, 갈림길을, 굼틀굼틀하는 벌레를 이리저리로 울퉁불퉁 넘어가고 있는 그 잠자리의 그림자 사이 대기가 따라 움직인다 대기는 둘 사이에 끼여 있지만 백중한 둘을 갈라놓지는 않는다

—「대치(對置)」 전문

‘잠자리’와 ‘잠자리의 그림자’ 가운데 무엇이 실체이고 무엇이 허상일까요? 그런데 이를 어쩌지요? 우리의 답을 듣기도 전에 ‘대기’는 그런 이분법적 나눔과 질문이 무용함을 그저 유연하게 움직임으로써 입증하고 있으니 말입니다. 잠자리와 그 그림자에 대해 대기는 ‘이와 같다’의 세계를 구성하는 중입니다. 그럼으로써 양자가 진위(眞僞)와 전후(前後) 같은 가치의 차이와 서열로 함부로 묶일 수 없는 자율적 세계임을 우리로 하여금 문득 통찰케 하는 것이지요.

‘사이’를 만들되 그것의 이쪽과 저쪽에 있는 “백중한 둘을 갈라놓지는 않는” 것. 대기는 이 작업을 서로가 서로를 “충분히 이해”(「강촌에서」)토록 하며, 서로에겐 “강폭만큼 여지가 남아 있”(「다시 강촌에서」)음을 알리기 위함이라고 말합니다. 서로의 공감과 혼자의 비의(秘意)에 대한 동시적 충족이 없다면 자연과 인간, 나와 너, 이것과 그것 사이의 닮음도 다름도 없다는 것. 이항대립의 모든 짝패는 ‘대치’함으로써 오히려 ‘사이’를 산다는 명제가 태어나는 지점입니다. 시인이 되도록 비유를 절제하면서 세계와 대상의 움직임을 포착하고 그것의 심심(甚深)한 묘사와 나열에 집중하는 까닭도 이와 무관치 않은 듯합니다.

한덩어리의 옹색한 세계여

오너라, 복면을 덮어쓴 세계여
벽, 돌풍, 얼음, 고집 센 계단, 경적, 거리의 모든 소동,
내가 걸어가며 만나는 냉담함
나의 안구가 상한 과육으로 매달려 있다 한들 어떠랴
오너라,
어둠을 돕는 세계여
행려를 돕는 세계여

—「맹인」 전문

가끔 '맹인의 세계는 어떨까'라는 질문을 가만히 던져봅니다. 주위의 소리와 말을 통해 세계를 보는 것이니, 그곳은 눈 뜬 우리의 여시와 사뭇 다르겠지요. 이 말을 우리와 세계를 향한 맹인의 공감대가 전혀 없다는 뜻으로 이해해서는 안됩니다. 맹인들은 "어둠을 돕"고 "행려를 돕는 세계"를 개진함으로써 오히려 우리가 경험치 못한 감각과 언어를 새로 발현합니다. 따지고 보면 시어에서 의미를 지우는 한편 리듬과 이미지 같은 순수한 물질성을 탐해온 동서고금의 모든 시인이야말로 또다른 형식의 '맹인'입니다.

『우리들의 마지막 얼굴』은 단형(短形)의 절제된 문장과 시구에 투기(投企)되면서도 "한덩어리의 옹색한 세계"로 헛되이 경사치 않는 균형 감각이 매우 빼어납니다. 거기 담긴 시인의 태도는 스스로 등불을 들어 타자의 길을 방해치

않는 지혜로운 맹인의 마음가짐과 꽤나 유사합니다. 사실 문태준 시인은 지금/여기의 시편을 "삼키지도 뱉지도 못하는 향기이며 악취인 시간을 건축하"(「더미들」)는 일로 단언합니다. 하지만 이 말은 시의 부정성에 대한 폭로보다는 벤야민이 말한 '범속한 트임'의 선취와 긴밀히 관련됩니다. 범속한 트임은 현학적인 근엄한 자세와도, 환각제 따위에 의한 도취와도 무관한 대(對) 세계의 감각이자 인지입니다. 그것은 가장 신비스러운 것을 가장 일상적인 것에서 발견하는 개방적이며 다면적인 세계 경험과 그 발현을 뜻합니다.

과연 시인은 "느닷없는 소낙비의 곡조, 흐트러진 꽃밭더미, 옥수수의 어긋난 치열(齒列), 무너진 분수(噴水)더미, 비탄에 퍼질러앉은 하오의 어머니들, 깨진 석양 항아리"들과 같은 "시간의 더미들을 이고 지고 안고 밀고 끌어 옮기려고" 시를 쓴다고 넌지시 고백하고 있습니다. 여기 제출된 일상과 삶은 명랑하거나 새롭기는커녕 문명의 시간과 폭력에 제 모습을 잃어가는 말 그대로의 "엉킨 더미들"(「더미들」)입니다. 이 쓸모없는 것들이 범속한 트임의 대상이자 매개체로 솟아오르는 까닭은 뜻밖에도 '망실(亡失)'의 전도(顚倒)된 미래성을 내밀하게 품고 있기 때문입니다.

이를테면 시인은 죽은 자의 집 '무덤'과 그것을 찾는 행위를 다음과 같이 묘사합니다. "무덤 위에 풀이 해마다 새로이 돋고 나는 무덤 위에 돋은 당신의 구체적인 몸을 한바구니 담아가니 이제 이 무덤에는 아마도 당신이 없을 거예요”(「망실(亡失)」)라고요. 이치를 따진다면 “무덤 위”의 ‘풀’은 죽은 자와 한몸이나 진배없습니다. 죽은 자는 땅에 묻혀 육탈된다는 측면에서는 원형(原形)의 망실입니다. 하지만 다시 풀로 육화된다는 면에서는 타자로의 변환이자 또다른 원형으로의 거듭남입니다. 망실을 다시 망실함으로써 새로운 생명, 그것도 타자를 입은 삶으로 충만하는 전도적 도약인 셈입니다.

만약 죽은 자를 저 쓸모없는 “더미들”로, 또 풀을 그것들이 변형된 무엇으로 치환한다면 어떨까요. 이를 인정할 수 있다면, 우리는 버려진 “더미들” 안에서 그것들의 생애와 역사, 오늘의 현실을 함께 사는 지혜와 용기를 터득한 셈입니다. 이 범속한 트임과 전환은 ‘무덤’에 ‘당신’과 ‘나’를 더 이상 격리시키지 않고 일상현실로 더불어 귀환시킨다는 점에서, 다시 말해 “더미들”과 “주민(住民)이 되어 살”(「귀휴(歸休)」)게 한다는 점에서 에로스의 집단적 발현과 연대가 아닐 수 없습니다.

눈뭉치는 하얗게 몸을 부수었습니다 스스로 부수면서
반쯤 허물어진 얼굴을 들어 마지막으로 나를 쳐다보았습
니다 내게 웅얼웅얼 무어라 말을 했으나 풀어져버렸습니
다 나를 가엾게 바라보던 눈초리도 이내 사라지고 말았

습니다 나는 한접시 물로 돌아간 그대를 껴안고 울었습니다 이제 내겐 의지할 곳이 아무 데도 없습니다 눈뭉치이며 물의 유골인 나와도 이제 헤어지려 합니다

—「조춘(早春)」 부분

시적 화자 '나'는 누구일까요? 쉽게는 '이른 봄'을 맞은 자아가 어딘지 모르게 쓸쓸한 내면을 고백하고 있는 것처럼 보입니다. 그러나 "눈뭉치이며 물의 유골인 나"의 전후 맥락을 살펴보면, '나'는 '조춘(早春)'으로 보아야 할 듯합니다. 시공간적 배경인 '조춘'이 '나'로 분하여, '봄'의 명랑보다 '겨울'의 처연함을 노래하는 중입니다. 예서도 여시의 감각이 두드러지는바, 특히 상실과 죽음을 향한 애도의 감정이 울울합니다. 애도는 단순히 잃은 대상을 슬퍼하고 기리는 일방적 행위만은 아닙니다. 라깡에 따르면 그것은 잃은 대상의 텅 빈 자리를 메우는 슬픔이자 기억 행위입니다. 만약 애도 행위가 충분치 않을 경우, 우리는 잃은 것에 의해 꿈과 현실이 조롱당하고 파탄나는 혹독한 징벌에 처하기도 합니다. 이를 감안하면, '나'(조춘)의 "눈뭉치"를 향한 애도는 "반쯤 허물어진 얼굴"(겨울)을 잘 보내고 "안면의 윤곽이 얇은 미소처럼 넓적하게 펴져" "흐릿하게 남"(「여시(如是)」)은 '얼굴'(상춘)을 잘 맞이하기 위한 생(生)의 제의가 아닐 수 없습니다.

당신은 나조차 알아보지 못하네
요를 깔고 아주 가벼운 이불을 덮고 있네
한층의 재가 당신의 몸을 덮은 듯하네
눈도 입도 코도 가늘어지고 작아지고 낮아졌네
당신은 아무런 표정도 겉으로 드러내지 않네
서리가 빛에 차차 마르듯이 숨결이 마르고 있네
당신은 평범해지고 희미해지네
나는 이 세상에서 혼자의 몸이 된 당신을 보네
오래 잊지 말자는 말은 못하겠네
당신의 얼굴을 마지막으로 보네
우리들의 마지막 얼굴을 보네

—「우리들의 마지막 얼굴」 전문

임종을 지키는 자리는 가족과 같은 친밀한 존재들의 윤리적 특권이자 책무입니다. "당신은 평범해지고 희미해지"는 때는 죽음의 순간일 겁니다. 하지만 '나'는 어떤 감정의 동요도 없이 '당신'이 죽음에 이르는 과정을 아주 천천히 세밀하게 묘사할 따름입니다. 이는 죽음의 현장이 아닌 사후(事後), 곧 여시의 장(場)이기에 가능한 행위요 기록일 겁니다. 그렇다면 우리는 "평범해지고 희미해"져 "혼자의 몸이 된 당신을 보"는 주체의 시선을 달리 해석하여야 마땅합니다. '나'의 '당신'에 대한 응시는 일종의 정중한 애도이며, 따라서 '당신'의 빈자리를 메우는 채움의 실천입니다.

시인은 애절한 추모와 따스한 기억으로 '당신'의 자리를 다시 마련하지 않았습니다. 오히려 가장 범속한, 하지만 그래서 더욱 기막힌 생의 지혜, "우리들의 마지막 얼굴을 보네"라는 이별사로 '당신'을 생의 저편으로 떠나보내는 중입니다. 만약 이 시를 '당신'과 '나'의 상호 응시로 본다면, 마지막 행은 '당신'의 눈빛으로 해석하는 편이 보다 온당할지도 모릅니다. 하지만 비평가는 거기서 '당신'을 통해 '나'를 보는 기원과 미래로의 동시적 참여와 더불어 타자성 수렴으로 '당신'(세계)을 향해 무한 확산하는 주체의 심화를 함께 읽고 싶습니다. 이보다 정중하며 예의바른, 또 '당신'의 현재성과 영원성을 동시에 껴안는 애도가 어디 그렇게 흔할까요? 마지막 행을 '나'의 행위로 내속시키는 이유입니다. 그럼으로써 자아는 미래의 죽음까지를 현재의 내면으로 불러들이는 것입니다. 이것은 죽음의 공포를 거두기 위한 예방학습이 아니라 죽음을 결코 빼놓을 수 없는 삶의 원리로 구조화하기 위한 실존적 행위로 이해됩니다.

『우리들의 마지막 얼굴』에는 죽음과 상실은 물론 그것을 환기하는 시편들이 적잖습니다. 시인은 그것을 음영이나 윤곽의 완곡한 소멸로 시각화하곤 합니다. 하지만 이와 연동된 '평범'의 과정은 존재의 멸실(滅失)과 거의 무관합니다. 오히려 그것은 오랜 참담한 삶을 역사화하는 한편 여시의 감각으로 지금/여기서 감싸안는 방법적 사랑이 아닌가 싶습니다. 물론 그렇다고 해서 시인이 죽음과 상실을 일방적으로 미학화하거나 가치화하지는 않습니다. 사실을 말하건대, 그들은 삶의 지혜와 가치를 전수하는 예지자이기는커녕 피할 길 없는 노추(老醜)의 체현자로 묘사되곤 합니다.

이를테면 "밥집 앞에서 나의 주위에서 나의 마음속을 돌아다"니는 "동란 할머니"(「동란 할머니」), "수의(壽衣)가 얇디얇은 그대를 말없이 껴입을 때까지"(「진료소 풍경」) 병든 삶을 그칠 수 없는 노년들, "한천 한복판을 흰 소가 수레를 끌고 가"는 듯한 모습의 "한 사람"(「한천(寒天)」)들이 그렇습니다. 이 앙상한 몰골들에서 "새장의 빗장을 풀고 청공으로 나아가"(「나무와 새장」)는 자유와 해방의 인간상을 쉽게 읽어낼 수 있을까요? 아닙니다, 이들의 궁핍한 초상은 차라리 "엉킨 더미들"에 더 어울린다는 것이 사실에 보다 부합합니다. 직접적이며 즉각적인 연민과 동정의 발현은 그래서 필연적입니다.

그러나 우리는 이미 시인이 마음속 깊이 여며둔 '마애불'의 평범과 '조춘'의 여지를 벌써 읽었더랬지요. 이들의 시공간이 타나토스의 지평에서 멀지 않음을 기억합니다. 그렇다면 저 노년들은 죽음과 상실 때문에 "축축한 음지"로 가치 절하되어 제멋대로 회피될 존재들이 아닙니다. 어쩌면 저들은 이미 시공간의 제약과 폭력을 초극한 지 오래인 '마애불'과 '조춘'의 미덕과 활력을 "터번을 머리에 둘러감"(「나무와 새장」)을 만큼 두텁게 경험해왔는지도 모릅니다. 그러므로 덜 두터운 자아는, 아니 우리는 "축축한 음지"를 "너와 내가 바라보고 있는 이 눈의 높이에 맞춰 / 꽉 짜서 펼쳐"(「마르고 있는 바지」)야 한다는 다짐에 들어 전혀 부끄러울 것도, 안타까울 것도 없습니다.

그 발음만으로도 벌써 슬픈 '노년'에 대한 평등한 응시는 인간에 대한 예의, 다시 말해 보편적 휴머니티를 향한 윤리적 헌신 때문에만 의미 깊지 않습니다. 거듭 강조하거니와 그들은 겨우 이삼십년 어린 "우리들의 마지막 얼굴"이기도 합니다. 그들과 우리는 "나의 폐는 폐옥이지만 미미하게 새 날의 냄새가 있"(「외딴집」)다는 삶의 감각을 죽음 직전까지 공유하는 처연한 존재이기는 마찬가지입니다. 이런 죽음과 삶을 향한 징후적 동일성 때문에 그들과 우리는 동등하게 서로를 응시하며 서로를 내면화할 수 있습니다.

하지만 보통의 삶의 관점에서 본다면, 다음만큼은 '노년'들의 삶이 우선합니다. 우리에게 지난한 삶의 결과일 "우는 사람"을, 잠깐의 "광원(光源)"을, "스스로 말라가는, 아물어 가는 긴 환부"(「마르고 있는 바지」)를 보여주는 것. 이런 눅눅한 삶의 환둥(幻燈)은 그들의 아비들에게도 요청되었을 존재의 증빙이었을 겁니다. 우리 역시 후세대에게 저 슬퍼서

찬란한 '울음'과 '빛'과 '환부'를 한점 숨김없이 영사(映寫)하도록 예정되어 있음은 물론입니다. 이런 죽음을 향한, 하지만 그 순간에조차 울컥 솟아나는 삶을 향한 굳건한 동맹이야말로 그들과 우리를 '서로 주체'이자 '서로 타자'로 구성하는 원동력일지도 모릅니다.

> 내 검은 동공에 퍼덕이는 새를 담아다오 나는 눈을 감을 수 없소 새의 북향 행렬과 찬 하늘을 담아다오 희푸릇한 별을 쏟아다오 물오리를 내려앉혀 수면을 쳐다오 산을 넣어다오 일하는 소 같은 목덜미 울퉁불퉁한 능선을 넣어다오 나를 열어젖혀다오 일으켜세워다오
>
> —「밤과 호수」 전문

『우리들의 마지막 얼굴』에는 세계나 사물을 의인화한 시편이 여럿 실렸습니다. 인용시도 사물 주어를 취하고 있습니다. 하지만 이것을 사물과의 동일시를 향한 주관적 맹목이나 억압적 폭력으로 제한하여 이해할 필요는 없습니다. 한밤중 '호수'의 파문과 심연이 깊어지는 이치를 짐작해보는 편이 훨씬 생산적입니다. '사물의 꿈'을 존중함으로써 우리는 여전히 비의 깊은 그 사물의 내부로, 또 그 비의를 더욱 충만케 하는 본원적 세계로 동참할 기회를 얻습니다. '밤'과 '호수'는 '빛'과 '산'에 은폐되었던 우주와 자연을 온

몸으로 수렴함으로써 후자들을 압도하는 광활한 심연으로 거듭납니다. 이를 참고하면, 밤과 호수는 본성상 윤곽이 평범해지고 흐려지는, 하지만 그럼으로써 세상을 은은한 미소 천지로 돌변시키는 마애불과 등가적 가치를 형성합니다.

예민한 독자라면 밤과 호수의 세계에서 이미 죽거나 죽음에 처한 누군가의 내면을 벌써 떠올렸을지도 모르겠습니다. 그렇습니다, '죽음'은 "퍼덕이는 새"와 "찬 하늘", "희푸릇한 별"과 "물오리"들을 "내 검은 동공"에 담음으로써 이것들이 휴식을 취하며 생의 활기를 불어넣는 활물(活物)의 장으로 몸을 바꿉니다. 죽은 자를 향한 산 자의 애도와 기억은 이 지점에 가닿을 때야 비로소 아릿한 슬픔을 넘어 어깨를 기댈 만한 생명현상으로 부풀어오를 겁니다. 그러니 끝내는 죽음으로 삶을 완성하고 또 타자의 생명으로 스며드는 우리들은 몸 둘 곳 없는 '여행자'일 수밖에 없습니다.

시인은 우리가 가닿을 "이국(異國)"으로 "모든 것과의 새로운 대화"가 가능한 "낯선 시간, 그 속의 갈림길/그리고 넓은 해풍(海風)이 서 있는 곳"을 제시합니다. 꽤나 낭만적인 풍경인 듯싶지만, 이곳에는 "이별한 두 형제, 과일처럼 매달린 절망, 그럼에도 내일이라는 신(神)과 기도/미열과 두통, 접착력이 좋은 생활, 그리고 여무는 해바라기"(「여행자의 노래」)가 함께 있습니다. 우리의 일상과 다를 바 없는 정경이라고요? 그렇습니다. 우리의 일상이 꼭 저렇지요. 기뻼과 슬픔, 희망과 절망, 기도와 저주, 두통과 명랑이 뒤범벅이 된 세상살이 말입니다. 문태준 시인의 여행은 예전에도 그랬지만 지금도 현실 내부로 더욱 깊숙이 파고드는, 그래서 '어둠'과 '행려'를 내 몸에 각인하는 신중한 성찰과 묵직한 관조의 이국(異國)행으로 이뤄지고 있다는 해석과 평가는 그래서 가능합니다.

> 누운 소와 깡마른 개와 구걸하는 아이와 부서진 집과 쓰레기더미를 뒤지는 돼지와 낡은 헝겊 같은 그늘과 릭샤와 운구 행렬과 타는 장작불과 탁한 강물과 머리 감는 여인과 과일 노점상과 뱀과 오물과 신(神)과 더불어 나도 구름 많은 세계의 일원(一員)
>
> —「일원」 전문

『우리들의 마지막 얼굴』을 닫는 시입니다. 삶과 죽음이 아무렇잖게 혼재하는 풍경으로 보아 인도의 갠지스 강 어느 곳을 떠올려볼 법합니다. 하지만 그런 사실을 따져본들 무슨 의미가 더해질까요? 그러느니 이곳을 이후 문태준 시인의 시가 걸어갈, 실재와 상상을 막론하는 어렵고도 즐거운 길로 점쳐보는 편이 보다 생산적이지 않을까요? 어느덧 살짝 열린 "슬픔을 싹 틔울 줄 아는"(「나는 내가 좋다」) 삶의 중문을 지나 '슬픔의 싹'마저 존재의 풍요와 개방으로 지혜

롭게 전유하는 새로운 문턱 앞에 다다른 셈인가요? 가장 더럽고 가난하고 형편없는 세상인 듯하지만, 성(聖)과 속(俗)이 가장 평등하게, 또 가장 아름답게, 또 가장 덤덤하게 통합되며 제 사정에 따라 자유롭게 갈라지는 그곳. 문태준 시인을 '일원'으로 맞은 "구름 많은" 그곳의 '윤곽'은 또 어떻게 평범해지고 흐릿해질까요? 그래서 또 누구를 그곳의 '일원'으로 명랑하게 불러들일까요?

崔賢植 | 문학평론가·인하대 교수

| 시인의 말 |

세해 동안 쓴 것을 이렇게 한권으로 묶으니 나는 다시 빈 털터리가 되었다. 홀가분하다.

시에게 간소한 언어의 옷을 입혀보려는 마음이 조금은 있었지 않았나 싶다. 대상과 세계에게 솔직한 말을 걸고 싶었다. 둘러대지 말고 짧게 선명하게.

시련이 왔었지만 회복되었다. 빚진 인연들에게 고마움을 전한다. 시를 쓰는 일이 다시 내 앞에 있다.

2015년 4월

문태준

창비시선 387
우리들의 마지막 얼굴

초판 1쇄 발행/2015년 4월 20일
초판 11쇄 발행/2025년 6월 5일

지은이/문태준
펴낸이/염종선
책임편집/김선영
펴낸곳/(주)창비
등록/1986년 8월 5일 제85호
주소/10881 경기도 파주시 회동길 184
전화/031-955-3333
팩시밀리/영업 031-955-3399 편집 031-955-3400
홈페이지/www.changbi.com
전자우편/lit@changbi.com

ISBN 978-89-364-2387-2 03810

* 이 책은 한국문화예술위원회의 아르코문학창작기금을 받았습니다.

* 책값은 뒤표지에 표시되어 있습니다.